D0801484

Direction de la publication : Isabelle Jeuge-Maynart
et Ghislaine Stora
Direction éditoriale : Catherine Delprat
Édition : Sylvie Cattaneo-Naves
Direction artistique : Emmanuel Chaspoul
Couverture : Véronique Laporte
Mise en page : Sophie Compagne
Fabrication : Anne Raynaud

Dessins (couverture et intérieur)
Nathalie Jomard

ISBN : 978-2-03-586763-6
© Larousse 2012

Imprimé en Espagne par Unigraf S.L.

Dépôt légal : avril 2012

307883/07 - 11034949 - janvier 2017

LES MINI LAROUSSE

Les 50 règles d'or des

relations parents-enfants

Christiane de Beaurepaire

LAROUSSE

21 rue du Montparnasse 75283 Paris Cedex 06

Sommaire

Aimer et savoir le dire

Quel parent n'a jamais pensé ou dit « toi, je vais te renvoyer d'où tu viens », « toi, je vais te mettre dehors, ou en pension » ?
Quel enfant n'a jamais pensé ou dit « je les déteste », ou s'il est puni, « je voudrais le (la) tuer », ou s'il ramène une mauvaise note, « ma mère va me tuer » ?

L'AMOUR À L'ÉPREUVE DE LA VIE

Les relations entre parents et enfants oscillent entre **amour** et **haine**. Or, le socle de cette relation viscérale, fondatrice de la personnalité de l'enfant, repose sur l'amour des parents, mis à l'épreuve par l'enfant et par les circonstances de la vie.

LORSQUE L'ENFANT DOUTE D'ÊTRE AIMÉ

Un petit loupé à l'école, un comportement qui déconcerte les parents : l'enfant, inquiet de les décevoir, a l'impression de ne plus être aimé.

• Selon les cas, **il s'isole**, physiquement ou dans le silence, indiquant qu'il « ne fait pas partie », qu'il « est en dehors » ou « à l'écart ».
• Ou bien **il s'oppose** à ses parents ou à ses frères et sœurs. Il multiplie les «bêtises», casse ses jouets, refuse les cadeaux, exprimant ainsi son insatisfaction, sa tristesse ou sa jalousie fraternelle.
• Il peut aussi démontrer **résignation** et **ennui** en famille, affichant son plaisir d'aller à l'école.

COMMENT LE CONVAINCRE ?

• Tout naturellement par des **gestes de tendresse et d'amour**, aussi importants pour les tout-petits que pour les grands : chacun, enfant et adulte, a besoin de ces contacts physiques, chaleureux et rassurants !
• Mais aussi par **l'intérêt** porté quotidiennement à son enfant, à sa personne, son bien-être, ses activités, ses préoccupations. Aimer son enfant est si naturel que l'on oublie parfois de **l'exprimer** ! Or, cet amour est l'un de ses besoins vitaux, la base sur laquelle il se construit. Un regard, des gestes et un ton affectueux, des paroles rassurantes suffisent à dire que l'on est toujours «à l'écoute».

Du temps rien que pour lui

Nous sommes convaincus de vivre pour nos enfants, dans et par nos activités quotidiennes, nos projets ou tout simplement nos pensées. Est-ce aussi sûr, en tout cas du point de vue de l'enfant ? Comment vit-il votre absence quotidienne, les levers précoces, la course à la crèche, l'école ? Les soirées écourtées, bain, devoirs, dîner et coucher minutés ?

L'OFFRANDE AFFECTIVE

Les parents doivent demeurer attentifs au besoin de **partage** et de **réciprocité** des enfants. Une fois à la maison, il faut savoir prendre quelques instants pour raconter sa journée et questionner l'enfant sur la sienne. Faire une **pause** et jouer à de petits jeux calmes (puzzle, cubes...), en privilégiant une grande proximité physique. L'échange n'appartient alors qu'à l'enfant et ses parents.

DU TEMPS POUR SE CONSTRUIRE

• Les enfants saisissent très vite les rythmes de **l'activité familiale**, l'état de disponibilité et d'humeur de leurs parents. Ils savent très bien quand c'est « le moment », ou s'il faut se taire et s'effacer. Cette adaptabilité, cette plasticité relationnelle est l'une des caractéristiques des enfants.

• Ménager du **temps pour lui**, des « enclaves » d'intimité dans le cours diversement sur-occupé de la vie familiale, fonde sa sécurité et son identité. Ces parenthèses ressourcent également le narcissisme de l'enfant, sa capacité d'amour de l'autre et de soi.

DÉCOMPRESSEZ !

En fin de journée, avant de récupérer votre enfant, profitez du chemin qui mène chez la nounou ou à l'école pour vous vider la tête de tous les soucis de la journée. Plus serein, vous serez prêt à partager ce moment de complicité avec lui !

Laisser l'enfant manger à sa faim

LA GUERRE DANS L'ASSIETTE...

Votre enfant est un « petit » ou un « gros » mangeur. Il goûte à tout ou refuse les aliments nouveaux. Il ne supporte pas certains détails, la peau sur le lait, les « nerfs » dans sa viande, des traces de beurre, le fromage, le poisson. Cela vous agace, vous avez tendance à le contraindre, à lui expliquer qu'il « doit » essayer au moins une fois avant de refuser, il s'oppose, l'épreuve de force s'annonce et les échanges dégénèrent...

LES GOÛTS, CELA NE S'EXPLIQUE PAS

• Préférer le salé ou le sucré, les consistances crémeuses ou solides, la viande ou les légumes, le cru ou le cuit est légitime, chacun ses goûts, pour les grands comme les petits !
• De même pour les quantités, un peu seulement ou beaucoup de tout, rien de grave, mais voilà qui peut heurter une mère anxieuse.

• Ce qui importe finalement, c'est que l'enfant mange avec **plaisir** ce qu'il aime et qu'il soit à l'évidence en bonne santé.

DOIT-ON POUR AUTANT LE LAISSER DÉCIDER SEUL DE SES REPAS ?

• Non, car s'alimenter est aussi une question d'éducation, du goût et de la santé. De plus, la nourriture est associée à des **ancrages affectifs** : transmission culturelle, plaisir partagé, moments heureux et, plus tard, souvenirs d'enfance. Il est donc légitime de laisser à l'enfant le choix ou l'initiative des quantités et des saveurs de ses aliments dès lors que sa santé n'en pâtit pas.

• Faire ensemble est sans doute la meilleure attitude motivationnelle, pour l'éveil de la **curiosité** et du partage. Dès qu'il est assez grand, et que les circonstances le permettent, il faut associer l'enfant aux courses, au marché, au choix du menu et des produits, puis à la confection du repas.

• L'important est de toujours rechercher le **plaisir** et le **partage**, qui fondent ce qu'on nomme ensuite la « convivialité » !

Aimer n'est pas gaver !

On dit souvent qu'un bébé potelé et grassouillet est « un beau bébé », « en bonne santé ». Bien nourri par une bonne mère : « il a bon appétit » équivaut à « il aime la vie ».

CE QUI SE JOUE DANS L'ASSIETTE

Une **baisse d'appétit** peut témoigner d'un souci de santé, et le refus d'aliment est un motif de consultation médicale. Mais manger est aussi un acte affectif où enfants et parents jouent chacun leur rôle !
• Certains parents «gavent» leur enfant par inquiétude, par souci de bien faire, ou désir d'obtenir une certaine tranquillité...
• Certains enfants «voraces» expriment leur gourmandise, un dérèglement de la sensation de satiété... ou une angoisse.

POSER LE PROBLÈME

Les excès alimentaires engendrent un **risque réel** pour la santé de l'enfant : l'écoute d'un professionnel de santé peut s'avérer précieuse.

Bien dormir

Endormissement difficile, cauchemars, réveils trop matinaux : votre enfant dort-il assez ?

L'IMPORTANCE DU SOMMEIL

Plus l'enfant est **jeune**, plus la durée de son **sommeil** est **longue** : un jeune enfant doit dormir environ 14 ou 15 heures par 24 heures. Quantité et qualité du  sommeil sont donc essentielles à son équilibre, à sa santé et à son développement.

GARDER LE CAP SUR 4 POINTS CLÉS

1. Favoriser la **sieste** : apaisante, elle n'a pas d'impact sur le délai d'endormissement nocturne !
2. Préserver un **cadre calme**, intime, sécurisant et des horaires fixes pour le coucher.
3. Se conformer aux **rituels**, sans culpabiliser ! Et faire avec les réveils nocturnes, fréquents entre 3 et 6 ans.
4. Ménager un **instant d'intimité** et de tendresse au moment du coucher.

Prendre soin de son corps, cela s'apprend !

Au fil des mois, lors des premiers soins corporels, le bébé **découvre** ses membres, sa bouche, son visage par le toucher et la vue, joue avec ses mains et ses pieds, s'écoute gazouiller. Il **exprime** très tôt douleurs physiques, sensations de faim et petites difficultés digestives. Vers 1 an, il **reconnaît** les parties de son corps, indique où il a mal, se regarde dans la glace. Très jeune, ses **émotions** sont transmises par son **corps**. Plus tard, il s'exposera physiquement, se fera mal, par maladresse ou besoin de « sentir son corps » et d'« éprouver ses limites ».

BAINS ET BOBOS

• Précocement, toilette, bain et changes, sources de bien-être, sont l'occasion de transmettre à bébé le **plaisir** de prendre soin de soi.

• Plus tard, le bain et la toilette restent des moments privilégiés. Il apprend à se savonner, à se rincer, heureux, une fois lavé, de sentir bon et de changer de vêtements, a *fortiori* si l'adulte valorise le résultat

en manifestant sa **tendresse**. À son tour, l'enfant tient à lui montrer comme il est beau et sent bon.
• Plus âgé, il apprend à éviter les ecchymoses et petites plaies, et il réclame lui-même à être soigné avec des pansements.
• Ensuite, il découvrira le plaisir de l'activité physique, la prudence, les réactions de son corps à la pratique du sport et le développement de l'aisance et de la maîtrise de son corps.

DES PETITS GESTES QUI CONSTRUISENT

• Incarnation de la personne, le corps est ce qui est vu et permet la **communication**. Il procure des sensations, des émotions, et ce qui l'atteint atteint l'image de soi et son **identité**. Tout au long du développement de l'enfant, encouragez et valorisez avec patience et tendresse les activités diverses consacrées aux soins du corps !
• Prendre soin de son corps, c'est prendre soin de soi et se **respecter**. C'est une nécessité afin de préserver sa santé et de favoriser la confiance, l'estime de soi et ses relations avec autrui.

Face à la maladie

Quand votre enfant exprime une fatigue
ou une fatigabilité inhabituelle, se plaint
de douleurs diverses, manque d'appétit,
présente des troubles digestifs, des pleurs
inexplicables ou une éruption cutanée,
il vous arrive d'être déconcerté face
à ces signes inhabituels.

LES SITUATIONS SIMPLES À GÉRER

• Un enfant est fatigué, pâlot, sans entrain, mais depuis plusieurs nuits, il dort peu, voyage, a changé de rythme de vie ou de cadre. Un peu de patience, de régularité, d'attention suffisent à restaurer son sommeil et à le remettre sur pied.
• Il n'a pas d'appétit, va à la selle plusieurs fois par jour, se plaint du ventre, mais il s'est gavé de prunes encore vertes dans le jardin de sa grand-mère : la diète et de l'eau suffisent pendant 2 jours !
• Il se plaint de douleurs dans les jambes, mais il a joué au foot avec les grands tout l'après-midi. Le bon sens évoque sans affolement des courbatures.

LES MANIFESTATIONS
QUI RELÈVENT D'UN MÉDECIN

Les signes précédents peuvent aussi relever d'une **cause médicale**. Le **principe de précaution** voudrait d'ailleurs que l'on ne se fie pas systématiquement au bon sens… Une diarrhée tenace peut être symptomatique d'une gastro-entérite, les maux de tête inhabituels d'une méningite, les douleurs osseuses ou musculaires d'une affection spécifique. Il en est de même pour une fièvre importante, un amaigrissement soudain, une fatigue anormale, tous symptômes d'une possible maladie qui peut être grave.

VOTRE RÔLE

Parce qu'ils sont ceux qui connaissent le mieux leur enfant, les parents doivent rester vigilants face à des manifestations « anormales » qui peuvent engager la santé de leur enfant et leur responsabilité : en cas de doute, un avis médical n'est jamais superflu.

À l'écoute de ses besoins psychologiques

Votre enfant a sa **personnalité** et sa **sensibilité**. Il est curieux du monde et des autres, il cherche à comprendre et construit très tôt des théories personnelles qui le guident. Mais il éprouve aussi des **contradictions**, des conflits, il peut se sentir anxieux, coupable et triste, s'énerver, s'opposer, mentir, faire des cauchemars, refuser la nourriture, casser ses jouets ou se battre à l'école. Vous sentez qu'il a « **des problèmes** », cherchez à comprendre et à l'aider.

QUE VOUS MONTRE VOTRE ENFANT ?

• Vous pensez le connaître mieux que personne et il vous surprend. Il a, comme vous, sa propre vie intérieure et ses soucis, en général des situations de rivalité vis-à-vis de frères et sœurs ou de copains, de frustration, d'injustice ou de préjudice.

Les causes et les circonstances se situent souvent dans le contexte familial et quotidien.

• Mais il peut s'agir de **difficultés psychologiques** plus intimes, liées à l'image que l'enfant a de lui-même et des autres, de désirs cachés et d'émotions qui en résultent et ne peuvent être dites ni montrées.

QUE POUVEZ-VOUS FAIRE VOUS-MÊME ?

• Votre enfant n'est pas « transparent », il a une vie intérieure propre. Ses émotions et ses réactions ne sont ni des « caprices », ni des « enfantillages » et requièrent votre attention pour en situer l'origine et le contexte.

• Dans le cas d'une situation conflictuelle, vous pouvez l'aborder en négociateur ou en médiateur et restaurer un sentiment de justice.

• La question est plus difficile s'il s'agit de l'image qu'il a de lui-même, d'un désir irréalisable ou d'un sentiment d'humiliation. Ces sentiments négatifs sont difficiles à confier, mais vous pouvez les saisir sans les juger.

• Si vous pensez que votre enfant souffre trop, si votre soutien attentif et aimant s'avère inopérant, prenez l'avis d'un psychologue.

Respecter
ses rythmes

L'organisation de la vie quotidienne
dépend de contraintes et aussi de préférences.
Jusqu'à quel point les parents peuvent-ils
intervenir sur cette organisation ?

À CHACUN SON RYTHME

Chacun détient ses propres « rythmes ». On est
« du matin ou du soir » pour le sommeil, l'horaire
des repas varie selon les habitudes familiales et les
préférences des enfants. Petit déjeuner copieux
ou non, goûter conséquent ou léger, devoirs faits
dès le retour de l'école ou après un temps de
repos, toilette avant le dîner ou au coucher, temps
consacré aux copains bien planifié lors d'une activité sportive ou improvisé selon les circonstances...

L'ALTERNANCE

Nos capacités d'attention et de concentration, nos
performances et nos activités, les temps de repos
et de récupération sont réglés par une **rythmicité**

physiologique. Certains ont besoin de « coupures-repos », d'autres changent d'activité sans se reposer, en se « ressourçant » dans l'alternance. Les enfants adoptent spontanément le rythme le plus adapté : jouer, par exemple, entre deux exercices de grammaire peut être parfaitement efficace.

GARDER L'ÉQUILIBRE

• La priorité doit être donnée aux **besoins fondamentaux** et à l'adaptation **scolaire** et **sociale** de l'enfant.

• Il faut lui laisser le soin d'organiser les secteurs de sa vie compte tenu de **facteurs naturels** et **préférentiels**.

• Mais intervenez chaque fois que l'organisation propre de l'enfant compromet soit la satisfaction de ses besoins fondamentaux, soit son adaptation scolaire et sociale, et s'il en souffre manifestement. Dans ces conditions, un « **recadrage** » de ses rythmes s'impose, tout en s'interrogeant sur le sens de leur dérive.

Éveiller
sa curiosité

Les enfants sont des « éponges » qui, très tôt, absorbent ce qui est à portée de leurs sens et de leur compréhension. Mais il faut aussi leur donner l'envie et l'occasion de connaître et d'apprendre, surtout si cette disposition naturelle est entravée par un blocage anxieux ou par une carence due à l'environnement.

LA « CURIOSITÉ NATURELLE »

C'est se montrer **intéressé** et **ouvert** à ce qui nous entoure, « faire connaissance » avec l'inconnu, mieux appréhender ce qui est déjà familier, demander comment « ça marche », comment « ça s'appelle », si c'est « bon » ou « mauvais », afin de disposer de tous les éléments nécessaires dans la vie. Les très jeunes enfants manifestent cette disposition avec la nourriture, l'exploration, l'utilisation de leurs sens, les contacts avec autrui. Ce sont des « **explorateurs** », dont l'enthousiasme occulte parfois les dangers.

LES BLOCAGES

À l'inverse, certains enfants ne démontrent aucun désir de « goûter », « connaître », « savoir », « rencontrer », « essayer », « comprendre », mais une **prudence**, une réticence ou une indifférence envers ce qui est nouveau, énigmatique et susceptible de constituer un danger.

BIEN RÉPONDRE À SES ATTENTES

• Répondre aux questions des enfants et ne pas les **décevoir** est parfois difficile. Lectures partagées, spectacles, activités communes sont de bons moyens et l'occasion **d'échanger** et de **commenter**.

• Pour les enfants réticents, la nouveauté est par essence **dangereuse**. Plutôt que de les « forcer », aggravant aversion et blocage, mieux vaut comprendre ce qui fait peur, expérience vécue ou représentation négative de soi-même, impliquant un échec à terme.

Jouer ensemble pour découvrir

LE JEU CHEZ LES PLUS JEUNES

Depuis ses premiers mois, le jeu permet à l'enfant d'apprendre à contrôler une situation, à résoudre un problème, à tester sa dextérité, à devenir « maître du jeu ». Il procure du plaisir, ne confronte pas d'emblée l'enfant avec la réalité et ses dangers, dont l'échec. C'est une **activité nécessaire**, un entraînement à la maîtrise des apprentissages utiles à la vie.

JOUER ENSEMBLE

• Le jeu prend tout son sel lorsqu'il est **partagé** par un adulte, *a fortiori* par un parent qui en accroît le prix.

• Jouer avec son **père** ou sa **mère** n'est pas toujours égal. Avec son père, il s'agit de se mesurer et de s'entraîner (comme avec un coach), qu'il s'agisse de sport, de jeux d'adresse ou de jeux de réflexion, cartes, dames ou échecs.

• Le jeu peut aussi prendre la forme d'un **faire ensemble** : « tu viens m'aider ? » ou bien « je peux t'aider » ? C'est souvent avec sa mère qu'on va faire de la cuisine ou faire le marché, c'est plutôt avec son père qu'on bricole ou qu'on répare son vélo, et dans tous les cas, c'est pour le plaisir.

• Mais jouer **en famille** quand on en trouve le temps, réunis tous ensemble autour de la table débarrassée et bien installés, lorsqu'il s'agit encore de s'exercer, avec émulation et fous rires, donne un plaisir incomparable et de merveilleux souvenirs ensuite.

POURQUOI « INITIER EN JOUANT » ?

• Le jeu **dédramatise** la nouveauté et l'inconnu. Le danger de l'échec est moins redoutable puisque « ce n'est pas en vrai ». Le plaisir donne le goût de la découverte et de la nouveauté, il est lié à la maîtrise et à la sécurité.

• L'implication des parents dans cette modalité d'apprentissage est essentielle, car elle donne tout son poids à l'objet de l'activité, elle fixe les règles et délimite l'espace du jeu par rapport à celui de la réalité. Elle valorise enfin le partage.

De belles histoires

Les « histoires » apprennent la vie, l'universalité
des relations affectives, amoureuses et sociales,
elles font voyager dans le temps et l'espace,
et grâce à leur « morale », donnent à l'enfant
des éléments de construction de la réalité.

UN MONDE D'ÉMOTIONS

Les enfants adorent les histoires et démontrent
une grande **attention**. Leur adhésion est parfois
si entière qu'ils sont très émus. L'identification
produit souvent une confusion entre imaginaire et
réalité, l'occasion aussi d'exprimer leur **empathie**.

QU'Y A-T-IL À L'INTÉRIEUR D'UNE HISTOIRE ?

• Raconter des histoires n'est ni mentir ni dégui-
ser la réalité ! C'est la présenter sous une **forme
accessible** à l'enfant, qui « lui parle ». Sensible au
« merveilleux », aux prouesses des héros, il s'iden-
tifie aux personnages et aux situations.
• Raconter des histoires à son enfant, c'est mettre à
sa portée **les réalités de la vie**, via son imaginaire.

Donner l'exemple

On dit souvent à l'aîné de « donner l'exemple »,
une injonction qui s'applique *a fortiori*
aux parents, quand ils donnent une consigne
ou grondent leur enfant !

MONTREZ-LUI QUE C'EST POSSIBLE

• « Donner l'exemple » indique à l'enfant qu'une injonction (ou un conseil) n'est ni arbitraire ni utopique, mais **réalisable**.

• **S'engager soi-même**, c'est abandonner le caractère théorique des mots pour se confronter avec courage à la réalité ! Cela permet aussi d'être plus **convaincant** : c'est sans doute l'une des modalités éducatives les plus efficaces, notamment dans le domaine de la sécurité et des relations à autrui.

LE PLAISIR DE FAIRE COMME VOUS

Enclin à « faire plaisir » à ses parents (au même titre que leur désobéir) et à comprendre leurs raisons, de manière très spontanée, l'enfant tend à « faire comme eux », à leur attribuer une valeur de bon sens et surtout à « leur ressembler ».

Encourager
ses efforts

Les enfants aiment réussir : tout commence
à la naissance par l'objectif de satisfaire sa faim !

LORSQUE L'ENFANT N'Y ARRIVE PAS...

Avec l'âge, il teste une multitude de situations, des
stratégies se développent. Lorsque des échecs se
renouvellent, les désirs n'atteignent pas leur but,
on parle de blocage, de refus, d'opposition, de
mauvaise confiance en soi, ou même d'incapacité.

DES EFFORTS, OUI MAIS POURQUOI ?

• Obtenir ce que l'on désire demande du **temps**,
la décision d'agir, de la **réflexion** et des moyens,
et la réussite, parfois de l'**acharnement**.
• Comparons l'enfant qui fait ses premiers pas à
celui qui aborde l'algèbre au collège. Le bébé tombe
des dizaines de fois, recommence, changeant de
méthode, rampant finalement, puis, de nouveau
debout, il enchaîne enfin quelques pas, franchit un
mètre et tombe dans les bras tendus de ses parents

qui le félicitent bruyamment et l'embrassent. La **récompense** valide la réussite et les efforts fournis.
• Le collégien est confronté à une situation identique : il peine sur « x », puis cet inconnu pique sa curiosité, il réussit à nommer « x », à lui donner une valeur en chiffres. Ce « x » permet de résoudre une foule de problèmes d'algèbre, mais aussi d'avoir une bonne note à l'exercice et d'obtenir peut-être une récompense. L'enfant apprend qu'il peut réussir en maths, ses parents sont fiers et l'avenir s'annonce bien.

LUI DONNER CONFIANCE
À CHAQUE ÉTAPE DE SA VIE

• La **confiance** en soi s'acquiert, plus facilement avec de bons débuts dans la vie et un solide **narcissisme** ancré dans un amour parental sans faille, mais elle doit être constamment soutenue, entretenue et validée.
• Chacun des paliers, succès, acquisition, doit être fêté par des parents heureux, leur fierté renforçant la confiance de l'enfant en lui-même. Les manifestations de **tendresse**, mais aussi les **récompenses matérielles** contribuent à cette validation !

Être patient
avec lui

À CHACUN SON TEMPO

Le rythme varie pour chacun selon sa **nature** et son niveau de **compétence**. La lenteur est parfois connotée négativement, comme si elle témoignait d'une incapacité. La rapidité, parfois associée à l'intelligence, a ses effets indésirables : étourderie, négligence, inattention. Nos enfants ont leur « tempo » personnel, mais vous attendez d'eux plus de rapidité dans un souci d'efficacité, oubliant que vous n'avez pas les mêmes priorités d'urgence ni le même niveau de compétence.

LA RAPIDITÉ S'ACQUIERT-ELLE ?

Bien sûr, avec la **répétition**, l'entraînement et l'« automatisation » progressive des procédures intellectuelles et physiques. Le meilleur exemple en est fourni par les sportifs, dont la **performance** s'accroît avec l'entraînement et le soutien d'un coach, mais aussi par les musiciens virtuoses.

LENTEUR ET BLOCAGE

On peut constater que la lenteur est parfois associée à une **organisation psychologique particulière**, vérificatrice et perfectionniste, ou qu'elle résulte d'une opposition plus ou moins consciente aux pressions parentales, ou encore à une incertitude sur ses propres capacités.

SAVOIR S'ARMER DE PATIENCE

La patience, disposition « relative », découle d'une différence de rythme entre une personne et une tâche, une situation ou autrui. La patience prend en compte ces données, mais elle est tempérée par la persévérance. Être patient avec son enfant, c'est respecter ses rythmes personnels, c'est lui donner le temps nécessaire à l'accomplissement d'un apprentissage ou d'une tâche, mais c'est aussi demeurer vigilant, détecter un blocage et faire preuve de persévérance dans son soutien.

Ce n'est pas un adulte !

L'équilibre entre le désir naturel des parents de voir leur enfant progresser et gagner en autonomie, et le fait de tenir compte de son âge effectif est parfois difficile à tenir.

REGARDEZ-LE...

... tel qu'il est : un être en développement, n'ayant pas acquis votre expérience, votre rythme, vos compétences, votre force ni vos moyens de défense.

UNE PERSONNE EN DEVENIR

• Votre enfant a ses besoins et désirs propres correspondant à son niveau de développement psycho-affectif, ses intérêts, et sur bien des points, il est encore **vulnérable**, tant physiquement que psychologiquement. Le traiter en adulte est donc plus une façon de méconnaître votre enfant que de le hisser à votre niveau.

SURPROTÉGER N'EST PAS LA SOLUTION

• Cette attitude parentale n'est pas rare avec des enfants considérés comme très vulnérables, incapables de faire face eux-mêmes, potentiellement en danger. C'est souvent le cas des enfants ayant souffert de maladie grave, des enfants uniques, lorsque la grossesse a été difficile, lorsque les parents sont particulièrement anxieux.

• Dans tous ces cas, l'enfant est maintenu dans un état de **dépendance** étroite de ses parents.

PROTÉGER SANS « COUVER »

• Le protéger, c'est aussi l'aider à grandir. En premier lieu, prendre en compte ses besoins fondamentaux et ses intérêts d'enfant de son âge, affectifs, scolaires, créatifs et sociaux.

• L'amener à **progresser** à son rythme dans chaque domaine de sa vie, selon ses désirs et son intérêt, valoriser ses progrès, l'accompagner.

Éviter
les jugements négatifs

Une situation de conflit qui dégénère,
et soudain, vous vous transformez
en juge face à votre enfant...

LE SCÉNARIO DU DÉRAPAGE

Votre enfant se montre violent ou grossier, menteur
ou tricheur, il est maladroit, négligent, casse ses
jouets, ne range pas sa chambre, perd son matériel
scolaire, il se montre insolent ou non respectueux,
bref, son comportement ou ses gestes appellent
une réaction de votre part, voire une sanction, et
soudain, vous vous emportez !

LES MOTS QUI BLESSENT

Face à un comportement que vous réprouvez,
l'émotion prime parfois : colère, paroles dures
(insultes, mépris, humiliation), prédictions (« futur
délinquant »), perte de contrôle (frapper), déception, rejet. Mais « juger » introduit une **dimension
« morale »** impliquant le bien et le mal, et bloque

le débat. Et si le jugement est « négatif », les faits et l'auteur tombent sous le coup du « mal ». Un tel jugement bloque les échanges avec votre enfant et l'exclut de votre univers.

ET SI ON S'EXPLIQUAIT ?

• À l'inverse, donner son avis, formuler son opinion, voire une critique, ménage une **distance** entre les personnes concernées et préserve la possibilité d'un **débat** !

• Garder son **calme** et, sauf urgence, trouver le temps et le moment d'échanger sur les intentions et mobiles de votre enfant puis sur les conséquences de ce que vous réprouvez (atteinte au respect d'autrui, mise en danger, ignorance des valeurs morales), voilà qui est constructif.

• S'il est juste d'intervenir à propos d'un comportement inacceptable, respectez la personne de votre enfant, adressez-vous à son intelligence, son bon sens, son sens de l'équité, intéressez-vous à ses **mobiles** et préservez les échanges.

• Pour qu'il vous conserve sa confiance, votre enfant a besoin d'être sûr de la vôtre... ce que dément un jugement négatif.

Des activités,
mais pas trop

Il est si fréquent de multiplier les activités extrascolaires que l'on peut s'interroger sur le sens de cette course « à l'action », comme si l'inaction était potentiellement dangereuse et que de bons parents se devaient de donner à leurs enfants tous les moyens de développer leurs talents.

TOUS DIFFÉRENTS

• Celui-ci s'intéresse à tout, il est **insatiable** : judo, foot, escrime, vélo. Il aime les sports collectifs, la performance et connaît le nom de tous les joueurs de l'équipe de France de rugby. Mais il aime aussi la batterie et la trompette, et il chante juste !

• Celui-là est **timide**, introverti, il aime le calme et ses jouets, et déteste être en groupe. De plus, il n'aime pas le sport et il a peur de l'eau. Ou il n'aime que la lecture et son frère les jeux vidéo.

QUE DOIVENT FAIRE LES PARENTS ?

Faut-il souscrire à la boulimie des enfants ? Pousser les inactifs ? Laisser les enfants décider selon leurs désirs ou décider pour eux ? Il y a une **juste mesure** à trouver, entre tempérament, désirs, organisation du temps et… organisation familiale. Souvent, une sélection s'opère dans les choix des enfants en fonction de leurs **préférences**, de leur performance et du plaisir qu'ils éprouvent. Une ou deux passions sont une **chance** et suffisent généralement !

DU TEMPS POUR S'ENNUYER !

Votre enfant a besoin de temps pour se reposer, rêver, penser et se retirer en soi-même. Il faut des respirations et de l'espace entre les efforts requis par les activités, contraintes et règles. Proposez, mais sans insister, soyez à l'écoute, acceptez d'essayer, mais acceptez aussi de mettre fin à l'essai. Et ne laissez pas les « activités » envahir le temps scolaire.

Respecter les autres

Les relations sociales sont souvent difficiles, agressives, intolérantes, méprisantes ou ignorantes de l'autre. Le « chacun pour soi » détermine parfois la forme de nos échanges.

Or, la civilité s'apprend, avec ses principes, son expression et ses codes, et participe de l'« art de vivre ». C'est sans doute très tôt qu'on peut veiller à ce que nos enfants se l'approprient.

QU'EST-CE QUE LE « RESPECT D'AUTRUI » ?

• Sont impliqués la **reconnaissance** de l'existence de l'autre, de sa place, de ses droits, ses besoins, ses différences et ses désirs.
• Il en découle qu'autrui est **distinct** et qu'il a, comme moi, son domaine et ses limites. C'est la reconnaissance mutuelle de nos territoires et limites qui permet l'échange, le partage et le respect.
• Respecter l'autre, c'est donc respecter nos domaines et limites respectifs, notre **identité** et nos **différences**.

L'APPRENTISSAGE DU RESPECT

• Dès la crèche, l'enfant s'intéresse à son semblable. Les échanges non encore verbaux se font par gestes, mimiques, contact et imitation. On voit les très jeunes empiéter physiquement sur l'autre, prendre ses jouets, accaparer l'adulte. Se jouent très tôt des rivalités, des rapports de force et de pouvoir, qui sont aussi des apprentissages sociaux. On peut alors indiquer à l'enfant ce qui est à lui et à l'autre, et la place de chacun.

• Ces **apprentissages précoces** permettent ensuite celui du partage et de la réciprocité pour que, plus tard, l'autre devienne un partenaire potentiel, à la fois semblable et distinct.

CLÉ DE LA VIE EN SOCIÉTÉ : L'EMPATHIE

La reconnaissance d'autrui, l'« altérité », est l'une des formes de la capacité naturelle d'**empathie** qui permet de se représenter les pensées et les émotions d'autrui. Chacun d'entre nous est doté de cette capacité. Encore faut-il la développer au profit de cet « **art de vivre ensemble** », dont témoigne le respect de la personne de l'autre.

Entraide et solidarité : des valeurs pour la vie

Les humains sont des « animaux sociaux » et nul ne peut se suffire à soi-même. Ce fait naturel suppose l'existence d'une **collectivité**, de liens entre ses membres et d'une adhésion à ses valeurs. En retour, le groupe protège ses membres. Les individus nouent des relations et des échanges plus ou moins faciles, spontanés, conflictuels, ancrés dans une nécessité naturelle, celle du « vivre ensemble ».

POURQUOI VALORISER L'ENTRAIDE ET LA SOLIDARITÉ ?

L'**intégrité** du groupe est nécessaire à sa fonction protectrice, elle implique celle de chacun et suppose qu'on veille à en prendre soin. Il est vital pour le groupe et pour chacun de privilégier l'**entraide** et la **solidarité** (« un pour tous, tous pour un ») plutôt que de fonder des relations sur le conflit, la force et la violence. Ce qui est valable pour le groupe l'est pour sa version élargie de collectivité humaine.

COMMENT TRANSMETTRE CES VALEURS ?

• Dans leurs relations, les enfants interagissent selon deux modalités principales : le **jeu**, chahuteur ou agressif, fondé sur un rapport de force, et l'**intérêt** pour son semblable, avec la recherche d'un « ami ». L'une n'excluant pas l'autre.

• Très tôt, ils peuvent comprendre qu'il faut éviter de **blesser** physiquement et émotionnellement, ne pas « être méchant ». Puis ne pas se moquer, partager, défendre celui qui est plus faible et l'étendre aux adultes en difficulté, âgés par exemple.

• Il est simple de montrer à l'enfant qu'il aimerait être aidé, protégé et secouru s'il se trouvait en danger.

Répondre
à ses questions

Dès qu'ils parlent, les enfants posent
des questions ! Des réponses fournies
dépendent non seulement leur construction
intérieure du monde, mais aussi les moyens
utiles à sa maîtrise. Il est naturel que les enfants
s'interrogent et interrogent, et normal
de leur répondre.

TOUJOURS RÉPONDRE...

• Il se peut parfois qu'on ne puisse répondre à
une question si l'on ne connaît pas soi-même la
réponse. Toutefois, il est rare que de jeunes enfants
mettent ainsi en difficulté leurs parents ! Les questions sont le plus souvent **pratiques** (« comment ça
marche », « comment faut faire »), mais il peut s'agir
aussi d'un questionnement **existentiel**, biologique,
psychologique, voire philosophique.
• Un parent, sollicité et en mesure de répondre à
son enfant, ne doit pas se dérober, mais lui fournir
des éléments correspondant à sa **compréhension**.

... MAIS TROUVER LE BON MOMENT

• Prendre le **temps**, être disponible, qu'il s'agisse de sujets techniques ou plus généraux. Les mots doivent être simples, les exemples concrets, connus et à la portée de l'enfant.

• On peut s'aider de **dessins**, de croquis ou de ses jouets s'ils s'y prêtent. Il est maladroit de renvoyer l'enfant à l'autre parent, ou bien à son âge (« tu es encore trop petit », « on verra ça plus tard »).

• On peut **différer** la réponse en lui expliquant qu'on attend un moment plus tranquille et s'aider au besoin d'un livre destiné aux enfants et concernant la question.

LE BONHEUR DE TRANSMETTRE

Face à la complexité d'un monde qu'ils découvrent, les enfants sollicitent naturellement leurs parents. Répondre à leurs questions, c'est leur transmettre avec bonheur quelque chose de soi, une sorte de « nourriture immatérielle ».

Il n'est pas vous !

L'enfant est un être nouveau et singulier
qui peut ressembler physiquement à ses parents,
mais il n'est ni son père ni sa mère : il est « lui ».

LE POIDS DE LA FILIATION

On tend toujours à établir des **filiations** : « il est du
côté de son père » ou « il est plutôt de mon côté », fil
conducteur dans nos représentations et nos relations. Mais il arrive aussi qu'on ne voit rien de tel.
Par exemple, il est précoce, doué, vous surprend
par ses compétences et flatte votre fierté. Ou il a
de grosses difficultés qui vous préoccupent et vous
luttez. Vous acceptez ici qu'il soit différent, parce
qu'il vous gratifie ou parce qu'il a besoin de vous.

MAIS QUI EST-IL ?

• Si vous n'acceptez pas cette **étrangeté**, l'expérience
sera douloureuse et culpabilisante, et pèsera sur
vos relations. Il y a d'abord un étonnement, puis
s'installe une déception et ensuite un **fossé psychologique** et relationnel se creuse, obstacle à la
communication.

• Vos tempéraments et sensibilités sont **distincts**, mais vous êtes brun et il est auburn et cela ne vous dérange pas... Ce qui vous gêne, c'est l'impression de ne pas vous comprendre, de ne pas être faits du même matériau. Il est votre enfant, mais vous ne le reconnaissez pas, pas comme tel.

• Si vous ne l'acceptez pas, alors il faut vous interroger sur **vous-même** et ce qu'il représente, l'histoire de sa naissance, votre état lorsqu'il est né et pendant la grossesse, et votre propre histoire. Peut-être apprendrez-vous alors qu'il vous faut le protéger et en prendre soin, et il deviendra votre enfant.

POSER UN AUTRE REGARD

L'enfant n'est jamais le clone de son parent et c'est une chance : c'est une « création ». On le considère parfois avec étonnement, mais toujours avec indulgence, amour et émerveillement : « C'est moi qui ai fait ça ? »

Les comparaisons qui blessent

Les adultes comparent souvent leurs enfants à leurs cousins, frères et sœurs, ou à des camarades, ou encore à eux-mêmes enfants. Et, en général, la comparaison est rarement positive...

QU'ÉPROUVE L'ENFANT ?

Dans le cas d'une comparaison négative (« il est beaucoup moins vif que son frère ! »), l'enfant est mortifié, atteint **émotionnellement**. Il perçoit qu'il n'est pas à la hauteur non seulement du modèle, mais aussi des attentes de ses parents. Comme si ses parents lui exprimaient leur déception de l'avoir pour enfant au lieu de « l'autre ». Plutôt qu'un défi, c'est une position d'abandon et de rejet qu'il adopte, car à la blessure s'ajoute souvent une **humiliation**.

QUE RECHERCHENT LES PARENTS ?

• Ou bien ils ne perçoivent pas la portée négative de leurs paroles ou leur intention peut être de motiver l'enfant, comme si la mise en concurrence était stimulante et efficace...

• Mais la méthode est trop blessante pour qu'on n'y voit pas une certaine **cruauté**, probablement inconsciente. La supposée défaillance de leur enfant est certainement perçue comme une **atteinte narcissique**, et la souffrance qu'ils lui infligent est à l'image de leur propre atteinte narcissique : ce n'est pas ici une gifle, mais ça en a la violence !

LA COMPARAISON EST À PROSCRIRE

Ce que la comparaison induit chez l'enfant est strictement contre-productif ! Sa réaction est en effet négative vis-à-vis du modèle, de ses parents, de l'objet de la comparaison et de l'estime de soi. Abattu et découragé, l'humiliation qu'il vient de vivre peut conduire à un trauma émotionnel dont le retentissement sera encore présent tard dans sa vie.

L'initier à la prudence

Comment protéger son enfant des dangers ?
Comment le mettre en garde en restant
dans la réalité, efficace sans l'inhiber, sans
le rendre anxieux ni méfiant ?

QU'EST-CE QUE LA PRUDENCE ?

Face aux actions impulsives, aux démarches «tête baissée », la prudence mesure, estime, évalue les **données exactes** de la réalité. Elle permet de déceler les **risques** et d'évaluer ses **chances**. Elle implique la raison face au désir, la réflexion face à l'impulsivité, le temps face à l'urgence.

COMMENT INITIER SON ENFANT ?

Il faut intervenir tôt, comme pour tous les aspects de son **éducation**. Lui apprendre comment ne pas se brûler ni se blesser. Lui montrer au besoin comment cela arrive. Lui expliquer les risques de ses jeux et des sports en général. Lui répéter qu'il est responsable de son **intégrité physique** et qu'il peut en être maître.

COMMENT ÉVITER DE LE BLOQUER ?

La nature conduit les enfants et les adolescents à **explorer** le monde et à s'éprouver. Il y a peu de chances pour que votre action suffise à stopper son élan ! Le seul « risque » ici est de lui communiquer votre **inquiétude** et qu'il craigne de vous faire du mal. C'est le cas lorsque les relations sont trop fusionnelles entre votre enfant et vous.

L'ARME DU SAGE

Indiquez à votre enfant quels sont les risques propres à chacune de ses entreprises et quelle parade employer. Apprenez-lui aussi à différer, si les conditions sont défavorables, ou à renoncer au besoin. La prudence est le fil conducteur qui lui permet d'avancer, vous devez le convaincre que c'est l'arme du sage et l'outil de sa réussite.

Objectif sécurité

Votre enfant est ce que vous avez de plus précieux,
or il est vulnérable, peu conscient du danger :
vous devez le protéger tant qu'il n'est pas en
mesure de veiller lui-même à sa sécurité.

GÉRER LE DANGER AU QUOTIDIEN

• Au début, vous surveillez alimentation, poids,
digestion, vous êtes attentif à l'eau du bain et ne le
quittez pas au cours de sa toilette. Vous surveillez
sa température, vous veillez à sa santé et réagissez
rapidement à l'éventualité d'une affection.
• C'est encore le cas plus tard, mais d'autres dangers le guettent : imprudences physiques, chutes
et traumatismes. Dès qu'il comprend et repère
le danger, mettez-le en garde et apprenez-lui les
règles de la prudence.

LES DANGERS SONT-ILS
SEULEMENT PHYSIQUES ?

• Non, il y a les agressions, parfois sexuelles, com-
mises par des adultes, inconnus ou proches, ou par
d'autres enfants plus âgés. À l'école ou dans la rue,

le racket, les bandes, le contact avec la drogue, l'alcool, le tabac.
• Et d'autres encore, affectifs et relationnels, l'engagement à l'adolescence dans des conduites à risque, la vitesse, les défis entre copains et les dangers d'Internet...

VOTRE RÔLE ET VOTRE MARGE D'ACTION

• Lorsqu'il grandit, il vous est impossible de contrôler sa vie ! Vous notez des **comportements nouveaux**, horaires tardifs, flou dans lequel il vous laisse. Mais vous lui avez appris la prudence, le danger, les risques non calculés et leurs conséquences.
• Votre relation demeure **confiante**, c'est votre chance à tous deux, elle est à préserver coûte que coûte.
• Ne le jugez pas, mais **mettez-le en garde** : il faut l'amener à renoncer à l'illusion de toute puissance qui le coupe de la réalité. Renforcez plutôt son estime de soi, valorisez ses succès, une méthode indirecte qui le mettra en phase avec celle-ci.

Prendre soin de soi, comme un grand

Cette démarche requiert un apprentissage,
s'applique à tous les domaines
de la vie et est affaire de prévention.

PRENDRE SOIN DE SON ENFANT

Votre statut de parent vous confère la charge de
veiller sur lui. Il est naturel que votre enfant s'en
remette à vous, qu'il ait du mal à faire les choses
seul jusqu'à ce qu'il exprime son désir d'autonomie.

PASSER LE RELAIS

Lorsqu'il décide de manger seul ou de s'habiller
seul, il démontre son désir de faire les choses
« seul ». Vous **l'encouragez**, le félicitez, tout en restant vigilant. Prendre soin de lui-même, veiller à son
propre bien-être et le préserver est une forme de
respect de soi-même et un devoir d'autonomie qui
implique responsabilité et apprentissage. Votre rôle
est essentiel, celui de « confier » à terme l'exercice
de cette mission à votre enfant.

Les dangers de la vie

Au fil de la vie, votre enfant fait face à des événements ou des situations à titre personnel, ou en tant que témoin, ou encore par ouï-dire. Autant d'occasions d'échanges et de mises en garde.

LA VIE, SON BIEN LE PLUS PRÉCIEUX

Vous veillez sur sa sécurité et prévenez les dangers depuis sa naissance. Partout, vous lui expliquez les **risques** et comment les éviter. Ces exemples élémentaires font partie des mesures éducatives de base, comme traverser une rue, faire du vélo, respecter les règles, parmi des centaines d'autres.

LES DANGERS DU MONDE

Confronté à des événements tragiques, des faits divers violents, il a besoin que vous les lui expliquiez, sans dramatiser. Lors de ces échanges, laissez-le s'exprimer. Ensuite, transmettez-lui votre **expérience**, votre prudence et apprenez-lui à prendre soin de lui-même. C'est finalement lui apprendre à aimer et à respecter la vie.

Avoir
confiance en lui

Votre confiance le rassure et contribue
à fonder chez lui l'« estime de soi » sans laquelle
il est difficile d'entreprendre, d'accepter ses erreurs
et de s'ouvrir aux autres et au monde.

CE QUE VOTRE REGARD LUI DIT

• Dès la naissance, il plante ses yeux dans les
vôtres au moment de la tétée, votre regard l'ali-
mentant autant que le lait.

• C'est encore votre **regard** qu'il sollicite lors de
ses prouesses pour les valider, « regarde, je vais
te montrer, regarde-moi ».

• Plus tard, il vous demandera « c'est bien ? », guet-
tant votre **avis** et votre **approbation**, sur votre visage
et au son de votre voix. Depuis ses premiers mois,
il déchiffre vos émotions et vos pensées dans vos
yeux et dans vos paroles, et vous ne pouvez guère
les lui dissimuler. Il sait reconnaître l'authenticité
de votre confiance.

AVEZ-VOUS CONFIANCE EN LUI ?

• Que signifie pour vous « avoir confiance en mon enfant » ? Lorsqu'il fabule, ment, dissimule ses bêtises, vous lui dites : « je ne peux pas te faire confiance », et ce n'est pas la même chose que de ne pas avoir confiance en ses capacités, de redouter ses échecs comme une fatalité, d'être anxieux à son sujet et facilement déçu, ce qu'il perçoit, même lorsque vous l'encouragez.

• « Ne pas avoir confiance en votre enfant » n'est pas la même chose que « ne pas lui faire confiance ».

LA CLÉ EST EN VOUS

Votre confiance est le terreau dans lequel il s'enracine pour pousser. Ne pas avoir confiance en son enfant peut avoir une influence dommageable. C'est un sentiment qui infiltre votre relation et dont l'origine est à chercher en vous, dans votre histoire personnelle ou votre relation de couple.

Avoir
confiance en vous

Avoir confiance en soi ne se décrète pas, mais peut s'apprendre. Il est en tout cas nécessaire d'avoir confiance dans sa capacité à être parent.

QU'EST-CE QU'UN PARENT « CONFIANT » ?

• Il peut s'agir chez vous d'un sentiment bien ancré si vous avez en général confiance dans vos **ressources** et vos **capacités** à faire face. À ce titre,

SÉCURISER SANS ÉTOUFFER

Votre confiance en vous-même sécurise votre enfant et lui communique un grand confort. Soyez cependant attentif à lui laisser le champ suffisant pour ses expériences propres, succès ou échecs.

et comme dans d'autres domaines de votre vie, vous vous sentez à l'aise face à votre enfant et aux difficultés qui ne manqueront pas de survenir.
• Il vous arrive naturellement d'éprouver souci et inquiétude à propos de votre enfant, mais vous ne vous affolez pas, vous gardez votre **calme** et vous savez trouver les moyens ou l'aide nécessaires, qu'il s'agisse de sa santé, de sa scolarité ou de problèmes psychologiques.

LE POINT DE VUE DE L'ENFANT

• Il est **rassurant** et **confortable** de savoir que l'on peut s'appuyer sans restriction sur son parent et d'éprouver ainsi ce sentiment de sécurité. C'est une expérience communicative qui assied la confiance en soi. Elle renforce de plus pour votre enfant l'image de « parent fort » que vous lui inspirez.
• Toutefois, il faut penser à deux effets possibles : le premier serait de vous percevoir comme **tout-puissant**, ce qui lui laisse peu de marge personnelle d'action, le second serait de l'amener à se reposer sur vous en toute circonstance.

Fixer des limites

Il n'est pas toujours simple d'indiquer à son enfant ce qu'il faut faire ou ne pas faire, jusqu'où aller et lui en donner les raisons afin qu'il en comprenne le sens. Nos hésitations ont des mobiles divers : « ne pas le contrarier », « lui laisser faire ses expériences », « encourager sa curiosité », « se conduire en parent libéral »...

POURQUOI ?

D'abord pour **protéger** l'enfant, assurer sa sécurité et lui apprendre à vivre dans le monde tel qu'il est et avec d'autres, lui donner un « manuel » de savoir être et de savoir vivre. Pour l'aider à faire la part entre ses désirs et la réalité, le bien et le mal, le permis et l'interdit. **L'imaginaire** est omniprésent chez les enfants et les amène à se vivre comme le centre du monde, sans représentation précise de la réalité, les exposant ainsi à des erreurs et des échecs, en particulier dans leurs relations avec les autres.

MODE D'EMPLOI

• Il faut fixer des **règles claires**, énoncées simplement dans un langage accessible. Au besoin, poser une interdiction ferme en cas d'urgence ou si votre enfant est trop jeune pour en saisir les raisons.

• S'il demande « pourquoi ? » ou s'il est à l'aise avec le langage, vous lui en indiquerez les **motifs**, par exemple les dangers de son comportement pour lui et pour autrui. Vous insisterez sur ses conséquences, illustrant vos propos par des exemples simples et lui demandant toujours son avis.

• Et dans tous les cas, vous donnerez **l'exemple** !

UN ENJEU CAPITAL

• Fixer des limites à son enfant est indispensable et ne va pas de soi. Or, c'est la condition de son accès à la **réalité**, au contrôle de ses pulsions, aux notions d'interdit, de transgression, de bien et de mal, et à la loi. C'est aussi une garantie de sa **sécurité**.

• Ne baissez pas les bras devant l'affrontement, sa frustration ou votre sévérité. C'est une démarche parfois coûteuse sur l'instant, qui réclame implication et détermination : c'est votre rôle, il vous en saura gré.

Être toujours à l'écoute

Vous partagez la vie de votre enfant et pensez tout connaître de lui, mais il n'est pas facile de décoder ses changements d'humeur ou d'état, signe d'un souci ou de la survenue d'un événement de vie perturbant.

REPÉRER SES ÉTATS D'HUMEUR

• Selon son âge, la mère d'un bébé repère ses états d'âme et leur donne un sens. Il pleure, détourne le regard, ne sourit pas, s'agite, dort mal, refuse le biberon... Il est peut-être malade ou bien il s'agit d'un mal-être affectif, changement dans sa vie, nouvelle nounou, reprise du travail de sa mère.

• Plus grand, il pleure avant l'école, refuse le petit déjeuner, a mal au ventre et s'isole en classe. Il joue moins à la maison, rêvasse, n'a pas faim, régresse un peu, a des cauchemars nocturnes. Inversement, il devient opposant et coléreux.

COMMENT RÉAGIR ?

• Il n'est pas malade, vous cherchez à comprendre ce qui le perturbe ainsi. Chez votre bébé, recherchez une gêne dans son **environnement physique**, bruit, lumière, température ambiante. Ou, dans ses relations, ce qui peut lui faire défaut, votre présence d'abord : parlez-lui, serrez-le contre vous, rassurez-le.

• Plus grand, ménagez des **moments d'intimité** et de **confiance**, parlez-lui de ses activités, loisirs, amis, de son école, de ses envies et projets. Proposez-lui des moments à deux : il se confiera.

APPORTER AIDE ET RÉCONFORT

Les états d'âme de votre enfant sont aussi importants que ses rhumes et maux physiques ordinaires. Quelque chose l'a touché, il peut s'agir d'un événement grave, agression, humiliation en classe, difficulté scolaire, ou d'une faute qu'il vous dissimule, d'un conflit avec un camarade ou d'un effet de sa susceptibilité. Il a besoin de votre attention, de votre soutien et de votre aide pour dénouer le nœud du problème.

Garants de la justice

Les enfants ont très tôt le sens de la justice :
sensibles aux différences de traitement entre
eux-mêmes et les enfants de leur entourage, ils les
remarquent aussi pour les autres. Un sentiment de
préjudice ou de frustration peut constituer
une expérience traumatisante pour votre enfant.

LES DOMAINES SENSIBLES

• Les « **préférences affectives** » : très tôt, un enfant
peut se sentir plus ou moins aimé que les autres,
éprouver envie, jalousie, agressivité ou, inversement, domination, voire protection.
• Les « **gratifications** », cadeaux et récompenses :
« il en a eu plus que moi », « le sien est plus beau
que le mien ».
• Les « **punitions** » ou les « remontrances » : « c'est
toujours moi qu'on punit », « c'est toujours de ma
faute », « c'est toujours lui (ou elle) qui a raison ».
• Les « **erreurs judiciaires** » : « c'est pas moi, c'est
lui (ou elle) », « c'est pas de ma faute », « moi, on ne
me croit jamais ».

LES ATTITUDES À ÉVITER

• Le pire est d'**ignorer les sentiments** de votre enfant, par négligence.
• Une autre mauvaise attitude est d' « exercer la justice » de manière « **égalitaire** » et **non équitable**, distribuant gratifications et punitions de manière identique, « pour ne pas faire de différence ». Une solution de facilité qui engendre l'erreur judiciaire : on ne récompense pas sans justification, on ne punit pas celui qui a été agressé.
• L'équité se fonde sur une **analyse** plus **fine** et sur le « mérite » auquel l'enfant est très tôt sensible. Il sait s'il a mérité récompense ou punition, ou qui l'a méritée.

AGIR ÉQUITABLEMENT

Un parent équitable cherche à ne pas blesser ni humilier son enfant. Il s'intéresse attentivement à **sa vie affective**, ses mobiles et ses émotions, lui démontrant ainsi **son amour**. L'équité permet d'indiquer quelles sont les valeurs importantes, la justice, le mérite, et le prix de nos actions, des valeurs partagées très tôt par les enfants.

Tenir promesses et engagements

Comme la justice et l'équité, les enfants reconnaissent très tôt la loyauté. Elle fonde la confiance qu'ils ont en l'adulte et dont ils ont besoin pour grandir. Tenir promesses et engagements, c'est la base de la loyauté.

FAIRE CE QUE L'ON DIT

• Votre **loyauté** s'exerce déjà vis-à-vis de votre bébé, lorsque vous répondez à ses besoins et le protégez en toute circonstance, dans une ambiance de confort et de sécurité, l'un des premiers repères de votre enfant.

• Plus tard, vos **actes** répondent de vos **paroles**, dans chaque situation de transaction et de contrat entre votre enfant et vous : vous lui demandez un effort et lui promettez une récompense ; votre enfant vous réclame un jouet, un loisir, un plaisir, vous en suspendez l'obtention à une performance ou à un service rendu. Il s'agit d'un contrat ou d'un « don/ contre-don », les parties s'engageant mutuellement et respectant leur propre engagement. Vous tenez votre promesse dans ce cadre.

PEUT-ON REVENIR SUR UNE PROMESSE ?

Comme dans un contrat, lorsque l'autre partie, votre enfant, ne l'a pas respecté de son côté. Encore faut-il examiner les circonstances et raisons de sa défaillance. Chacun ayant **droit à l'erreur**, on peut reconsidérer le contrat et différer la réalisation de la promesse. Mais si l'enfant a droit à l'erreur, le parent ne peut se le permettre. C'est ici un **contrat moral**, ne pas le respecter est une trahison de la loi implicite, de la confiance de son enfant et une atteinte de sa propre parole et de son image.

UN VRAI CONTRAT

Une promesse implique un échange, qui prend la forme d'un contrat qui engage deux parties : une promesse non tenue par le parent vient anéantir le contrat qui fonde les relations humaines.

Lâcher prise

Un conflit : soudain c'est l'affrontement !
Aucun ne cède et vous frôlez l'incident.

APPRENDRE À PRENDRE DU RECUL

• Vous pensez avoir raison et le droit d'imposer votre point de vue. De son côté, il le rejette avec violence et détermination. La situation est bloquée. L'état de **tension émotionnelle** est maximal, l'enfant est inaccessible à vos paroles et à la raison.
• Vous êtes désemparé, sentez que la communication est rompue, aimeriez comprendre les raisons du conflit et du **blocage**. Mais ce n'est pas le moment : vous décidez d'arrêter les hostilités et proposez d'aller se calmer dans des lieux distincts.

AU CALME POUR S'EXPLIQUER

« Lâcher prise » n'est pas abdiquer. C'est vous l'adulte, vous savez apprécier une situation et prendre du **recul**. La tension ne permettant plus le dialogue, vous y renoncez le temps de retrouver l'un et l'autre votre **calme**. Vous vous **réconcilierez** et obtiendrez, sans doute, une explication.

Il a fait une bêtise...

Une enfance sans bêtise n'est pas une enfance.

QU'EST-CE QU'UNE « BÊTISE » ?

Les bêtises sont des maladresses physiques, initiatives malheureuses, prises de risque, mensonges et, par extension, chapardages, erreurs et échecs. Sont concernées la sécurité, les relations, les performances, la raison. Le contraire de « bêtise » pourrait être « sagesse », c'est-à-dire la juste mesure fondée sur la réalité.

COMPRENDRE SES ACTES

• Appuyez-vous sur la **raison** de votre enfant qui donne un **sens** à ses actes et lui permet de saisir ce qui en fait des bêtises, en lui expliquant qu'elles peuvent avoir des **conséquences graves**, mais sont aussi le moyen de devenir sage !

• Si vous le sanctionnez, ne le jugez pas, donnez-lui les éléments de son propre jugement : les bêtises appartiennent à l'**enfance** et font le lit de l'éducation.

Punitions « physiques » : tolérance zéro !

Peut-on se permettre de punir physiquement son enfant, de le sanctionner par une brimade physique qui engendre sa douleur ?

DÉFINITION

Punir physiquement, c'est faire **souffrir physiquement** son enfant «pour son bien» dans un projet «éducatif».

• Le frapper : avec la main, sur son corps (tape, fessée), sur le visage (gifle) ; avec un objet ; à coups de poing et de pied (violences physiques).

• Mais aussi le pincer, tirer ses cheveux, mettre sa main sur un fourneau allumé ou dans l'eau brûlante. Le priver de nourriture, l'enfermer, l'attacher.

• On ne peut omettre les coups et blessures volontaires entraînant la mort, par exemple dans le cas du «bébé secoué» et la maltraitance habituelle. Ces **actes graves** sont sanctionnés par la **justice**.

EST-CE TOLÉRABLE ?

• Tapes ou gifles sont souvent des « **réactions** » ponctuelles, non préméditées : le parent ne maîtrise plus une situation conflictuelle ou connaît un moment de **stress personnel** altérant son contrôle.

• Ces situations banales, abus et **aveu de faiblesse**, stoppent en général l'enfant dans son escalade, moins par peur que par ce qu'il perçoit de l'état de son parent. Les autres formes de punitions physiques, indignes, sont intolérables, ont des conséquences psychiques lourdes et constituent une atteinte caractérisée à la loi.

DANS LE RESPECT DE L'ENFANT

On peut frustrer un enfant, lui imposer des limites, exercer son autorité, le contrarier, mais on doit l'éduquer dans le registre de la raison, du contrat et de l'exemple, jamais de l'abus.

Querelles conjugales, pas familiales

Conflits et querelles de couple sont des moments désagréables qui ne les mettent pas forcément en danger, mais ne concernent nullement les enfants.

UN SPECTACLE NOCIF

Un conflit est toujours violent et expose les **témoins**, exactement comme pour des civils pris dans un conflit armé ! L'enfant se sent **impuissant**, il redoute des violences physiques, il souffre avec l'un et l'autre de ses parents, et craint chaque fois pour la **cohésion familiale**. Et cette violence les décrédibilisent.

N'EN FAITES PAS UN ARBITRE

Le plus grave est ici de placer l'enfant en **arbitre**, avocat ou juge... Demeurez respectueux de sa personne, épargnez-lui vos plaies et vos faiblesses, tentez toujours de préserver sa confiance en votre **solidité**, évitez-lui l'expérience de la violence et celle de prendre parti.

À chacun ses soucis !

UNE SOURCE D'ANGOISSE

Le « **sixième sens** » des enfants les met en résonnance avec leurs parents. Mais pudiques ou incertains, ils ne vous questionneront pas. Or, vos soucis font naître leur **angoisse**, déstabilisent leur confiance en votre force, dramatisent la situation : si vous êtes soucieux, vous, habituellement tout puissant, alors c'est que la situation est grave. Une telle représentation peut miner votre enfant, il se sait **impuissant** et se sent soudain très seul et en danger.

DES SITUATIONS TRAUMATISANTES

Nous avons à protéger nos enfants de ce qui peut les angoisser et les faire souffrir, *a fortiori* lorsqu'ils sont impuissants dans la situation. En effet, le couple « angoisse/impuissance » est source de **traumatisme psychique** et peut laisser des traces chez les plus vulnérables.

Toute question
mérite réponse

POURQUOI VOUS ?

Vous êtes leur premier interlocuteur, et un savant…
Vous savez aussi bien comment préparer les repas,
donner le bain, réconforter, consoler, parler de la
lune, du soleil, nourrir leurs animaux préférés, répa-
rer les lampes, le vélo, conduire et tant d'autres
choses !

UNE INFINIE CURIOSITÉ

• Tout intéresse les enfants. Un bébé est « **éveillé** »,
yeux grand ouverts, agitation joyeuse face à une
personne, un objet, un spectacle, touchant, portant à sa bouche ce qui est nouveau.
• Avec le **langage** viennent les premières questions :
« qu'est-ce que c'est ? », « comment ça s'appelle ? »,
« à quoi ça sert ? », « pourquoi ? » **Identifier** ce qui
les entoure, personnes et objets, leurs relations,
établir très tôt des comparaisons, voilà les fonda-
tions d'une science physique naïve.

RÉPONDRE SIMPLEMENT

• **Nommer** est facile. Expliquer est plus compliqué : on peut montrer, dessiner, mimer et lui dire « regarde ».

• Plus tard, il s'intéressera à votre métier, à ce que vous faites chaque jour, pourquoi vous rentrez tard. Répondez-lui, racontez-lui, aidez-le à vous imaginer.

• Aux questions graves, la naissance, la sexualité, la conception, répondez **simplement** en fonction de son âge.

• Aux questions **philosophiques**, « pourquoi on est là », « pourquoi on meurt », « qu'est-ce qu'il y a après », donnez-lui des explications selon vos croyances, en restant évasif (personne n'est sûr de rien !), en situant les échéances très loin dans le temps.

C'EST VOUS L'EXPERT !

Ne frustrez jamais sa curiosité, ne vous dérobez pas, ne créez pas de zones « interdites ». Prenez-le par la main et montrez-lui. Vous êtes le mieux placé.

Parler
d'une même voix

Rien n'est plus perturbant pour un enfant que des parents qui divergent dans leurs consignes, leurs explications et leurs conceptions éducatives !

I ENFANT, 2 POINTS DE VUE !

• Face aux pleurs du nourrisson : l'un, « on le laisse pleurer », l'autre prend l'enfant dans ses bras ; ou « il a faim, on lui donne sa tétée », l'autre « on attend, c'est trop tôt ». Lors des terreurs nocturnes du jeune enfant : « on le recouche dans sa chambre », « non, on le garde avec nous ».
• Plus tard : « il fait ses devoirs tout seul », « on le fait réciter tous les soirs » ; ou, pour les activités, on les lui impose, on le laisse choisir...

QU'ENTEND VOTRE ENFANT ?

D'abord « pour ceci, je demande à mon père ou ma mère, et pour cela, c'est à l'autre que je m'adresse », puis, « mes parents s'entendent-ils ou non ? »

DES CONSÉQUENCES BIEN RÉELLES

• L'enfant apprend **deux langues**, il dispose de deux règlements et d'un double clavier. Le risque que se crée un « clivage », une coupure psychologique, est fort. Dans ce contexte, les « **conflits de loyauté** » vis-à-vis du père et de la mère sont permanents.

oui!

• Il se construit de manière bancale, avec des **incertitudes** concernant son identité, la validité de ses choix et décisions, le bien et le mal, la loi. Il peut apprendre à louvoyer au gré des circonstances et de ses intérêts, ou opérer un choix et rejeter l'un de ses parents avec de gros dégâts affectifs en termes de perte et de culpabilité.

• L'intérêt de son enfant commande qu'il n'entende qu'un seul discours, ce qui implique de régler vos différends et de vous accorder en dehors de lui. Et s'il s'agit d'un conflit de couple, une aide psychologique s'impose alors.

L'autonomie
dans ses choix

Votre enfant teste, goûte et choisit
selon ses préférences. Vous le voyez faire
depuis qu'il est bébé, vous observez ce qu'il aime,
ses points forts et faibles, comment il agit.
Votre objectif est qu'il devienne complètement
autonome dans ses choix et ses actions.
En attendant, jusqu'où le laisser aller ?

VOTRE « MARGE » DE CONTRÔLE,
SA MARGE D'ACTION

• Pour l'habillement et l'alimentation, on peut proposer une sorte de « carte » quotidienne, dans laquelle il fait son choix.
• L'organisation de la journée et du travail scolaire dépend de celle de la **vie familiale** ; il fait ses devoirs avant le dîner ou empiète un peu sur la soirée, ménage un battement d'une demi-heure pour se lever, en fonction de la durée de sa préparation, de la révision des leçons.

• Vous pouvez lui laisser le choix du **moment** réservé à la télévision, aux jeux et à facebook, dans le cadre d'un contrat strict portant sur sa durée.

• Le choix de ses **amis** lui revient, mais vous devez cependant être attentif à la forme et au cadre des relations : emprise d'un camarade, impact sur le travail scolaire et les activités.

• Plus tard, des « contrats » seront nécessaires concernant **horaires** et **sorties**.

VOTRE RESPONSABILITÉ

• Vous devez maintenir votre **contrôle** par **précaution**, pour veiller à sa sécurité, anticiper échecs ou déconvenues, prévenir les conséquences de prises de risque.

• Il est important que votre intention, ni arbitraire, ni abusive, ni violente, soit clairement comprise, même si vous déclenchez une réaction conflictuelle.

Savoir
prendre du recul

La vie familiale impose de conjuguer contraintes de temps, disponibilité, fatigue, avec des relations affectives plurielles, vos enfants vous absorbant. Vous avez besoin de souffler !

UN QUOTIDIEN QUI DÉBORDE…

• Les respirations manquent avec le temps minuté, les horaires complexes. Les soucis de santé de l'un, les difficultés scolaires de l'autre prennent soudain une importance excessive. Vous n'êtes **plus disponible** et n'abordez plus calmement les problèmes.
• Des conflits ou des querelles éclatent dans votre couple, vous perdez patience avec l'un de vos enfants et vous vous sentez un très **mauvais parent**.

… ET UN SENTIMENT D'INEFFICACITÉ

• C'est le cas en situation de **surcharge**, dans le feu de l'action, au cœur des problèmes qui se succèdent et encombrent votre vie quotidienne, votre espace psychique et votre activité professionnelle.

• Les difficultés scolaires de votre cadet vous préoccupent, vous prenez rendez-vous avec le médecin pour l'aîné, vous avez encore oublié le dentiste de la dernière ! Il y a les cours de musique et le judo à régler, et la cantine pour les trois (vous avez dans votre sac les lettres de rappel). Vous ne faites plus face, il est temps de souffler.

LE TEMPS DE SE RESSOURCER

• Chacun bien bordé et le programme du lendemain bouclé, vous rêvez en vous couchant de quelques jours de solitude, d'un court voyage, de nature, de mers chaudes, de douceur !

• Une **parenthèse** s'impose, il est temps de mettre une **distance** avec ce qui vous envahit, quotidiennement. Sans recul, vous émoussez votre discernement, vous ne mettez plus la situation en perspective, vous perdez votre **efficacité**.

• C'est le moment d'envisager du temps pour vous, réparti dans la semaine, ou des parenthèses lors de courts voyages.

Réagir à bon escient

On est amené à faire des erreurs faute
de discernement, en se trompant sur le sens
d'un comportement ou d'une intention.

TROIS SITUATIONS

• Votre enfant est **boudeur**, c'est inhabituel, vous
lui en faites la remarque, il se ferme un peu plus.
Vous ne comprenez pas pourquoi, votre intention
n'avait rien de malveillant ; vous réagissez alors
vivement et il s'enferme dans sa chambre : il s'agit
d'un malentendu.
• Vos enfants se **disputent**, en viennent aux mains,
vous intervenez et cherchez le coupable ; le conflit
redouble et vous les envoyez chacun dans sa chambre.
• Votre enfant rentre de l'école, **animé et joyeux**, il
vous annonce qu'il a très bien réussi son contrôle,
vous savez qu'il ne l'a pas révisé, mais vous le félicitez.

TROIS LECTURES

• Vous avez raison de noter un changement et de
vous en préoccuper. Devez-vous intervenir d'emblée, sans attendre afin de l'observer et de déci-

der de votre attitude ? Il a sans doute vécu une déception, un souci, une blessure, mais il faut lui donner le **temps** de faire le point et ne pas risquer de réactiver son mal-être dans votre précipitation : il n'est pas hostile, il se **protège**.

• Il s'agit d'une dispute « **privée** ». Votre intervention se doit d'être ferme en cas de violences physiques et vous devez les séparer. Mais est-il approprié d'intervenir d'emblée, en enquêteur et en juge, dans un conflit né justement du fait que chacun revendique son droit ?

• Votre enfant tente de vous **rassurer** en vous bernant et en se mentant à lui-même. Le féliciter est donc un contre-sens et le conforte dans l'évitement de la réalité, voire la dissimulation. Vous devez l'écouter, **rester neutre** et lui dire « tant mieux, attendons le résultat ».

LA BONNE ATTITUDE

Tentez, d'une part, de voir comment l'enfant résout **lui-même** la difficulté, d'autre part, d'analyser la situation en **l'observant**. Les réactions des enfants sont souvent destinées à vous éviter de vous inquiéter.

Savoir
faire le premier pas

Vous vous « fâchez » avec votre enfant, vous n'échangez plus, vous vous ignorez : finalement, chacun reste sur ses positions.

LE SCÉNARIO TYPE

Une dispute, une question à votre enfant et il vous oppose silence et refus. Si vous insistez, c'est alors évitement et surdité. Le ton monte, opposition active de l'enfant, mots et gestes violents. Il peut vous arriver de le frapper ; de son côté, il se débat, donne des coups de pied et casse des objets. Vous exigez des excuses, l'enfant court dans sa chambre et s'enferme, vous l'entendez hurler et pleurer.

COMMENT EN SORTIR ?

• Chacun s'estime **lésé**, s'ignore et se sent honteux. Vous attendez des excuses. Lui est malheureux, mais décide de tenir bon, comme un grand !

• C'est **d'autorité** qu'il s'agit ici, celle du parent vis-à-vis de son enfant : la difficulté de la réconciliation tient moins à la raison initiale du conflit qu'au rapport de force instauré et à l'« honneur » de chacun.

LE PREMIER PAS

• Il vous revient, c'est vous qui détenez l'autorité. C'est à vous de « décider » de mettre fin aux hostilités, car vous vous savez malheureux l'un et l'autre. Votre premier pas n'est pas une défaite, mais une reconnaissance de votre **peine mutuelle**.

• Et si la violence de votre réaction vous a fait franchir la ligne jaune du respect, difficile d'exiger des excuses.

RENOUER LE DIALOGUE

• Sans vous excuser, vous pouvez reconnaître vos **dérapages**, les mettre au compte de votre exaspération, « les parents aussi, tu vois, peuvent être très énervés, mais tu as fait aussi ce qu'il fallait, non ? »

• Si votre enfant a fait preuve de mauvaise foi, été grossier, ses **excuses** sont légitimes, il le sait. Il vous les fera s'il vous sent de nouveau attentif, soucieux de lui, de son bien-être et rassuré sur la pérennité de votre relation.

Accepter
qu'il soit frustré

Les enfants sont insatiables. Plus ils sont jeunes, plus on leur donne, heureux de leur appétit de vivre et du plaisir de leur procurer ce qui semble si important.

ALORS, POURQUOI LES « FRUSTRER » ?

La satisfaction devient une habitude. De l'habitude, on passe à l'obligation, puis à la **dépendance**. Le désir disparaît, sa satisfaction le précède. Reste le besoin qui, s'il n'est pas satisfait, déclenche manque et **agressivité**. Il est temps de frustrer l'enfant sur l'instant.

DÉSIR ET ACTION

Le désir pousse à l'action, s'il s'éteint, il faut le ranimer. C'est la raison même de la frustration, ranimer le désir et réactiver le processus.

Le rituel des repas

LE PLAISIR D'ÊTRE ENSEMBLE

• **Le rituel** : on entend « à table ! », la maman termine la préparation du repas, ça sent très bon, on termine vite de mettre le couvert, on déplie sa serviette et le plat est posé bien chaud au milieu de la table. La fête commence. On savoure les premières bouchées, les parents commentent vivement leur journée, les enfants racontent l'école, les copains ou la dernière du professeur, on s'écoute, on rit, on donne son avis, et on en reprend encore un peu.

• **Son rôle** : on est bien, le rituel rassure et unit, c'est bon de déguster, d'être ensemble et d'appartenir à une petite communauté.

QUAND LA CONVIVIALITÉ N'EST PLUS LÀ

• Les repas sont houleux, bruyants ou bien se déroulent dans le silence, la sévérité, les réprimandes.

• Le rituel n'est plus une joie, mais une **épreuve**. Il faut réapprendre à en faire une fête, ainsi commence pour les enfants l'expérience de la convivialité.

Tous acteurs
de la vie familiale !

Une famille est une institution
où l'on apprend le « vivre ensemble »
et de précieux savoir-faire utiles pour toute la vie !

OUI, MAIS…

• Très demandeurs pour préparer la cuisine, faire les courses, aider leur père au garage, jardiner, les enfants font souvent preuve d'une implication de courte durée et refusent ensuite de venir « aider ».

• Du désir initial de « faire », on passe au refus et à des effets collatéraux, comme des revendications vis-à-vis de frères et sœurs, plaintes et conflits.

• De votre côté, vous hésitez à leur confier des choses à faire, vous n'avez pas le temps et vous pensez peut-être que ce n'est pas leur rôle.

L'IMPLIQUER, MAIS COMMENT ?

Tout dépend de son âge et du type d'activité, mais vous pouvez lui confier **l'exécution partielle** de tâches, en lui montrant, le guidant, rectifiant, et vous le félicitez ensuite chaleureusement. Ce doit être court et vous devez vous impliquer.

CHACUN SON RÔLE

Il y a ce qu'il veut « **faire comme vous** » et ce qui vous soulage : ranger sa chambre, faire son lit, mettre la table et débarrasser, faire une course. Plus tard, si vous avez plusieurs enfants, un planning accroché dans la cuisine est bienvenu. On l'élabore ensemble, et chacun sait chaque jour ce qui lui est confié. Pensez aussi aux petites **gratifications financières** selon la nature du service rendu.

UNE LEÇON DE VIE

Participer à la vie familiale en contribuant aux tâches quotidiennes est un apprentissage naturel de la vie sociale et de la vie future de votre enfant. Il vous rend service sur l'instant, mais vous lui rendez service pour l'avenir : il saura comme gérer sa vie et celle des siens.

Son domaine
et ses trésors

Éprouver comme « siens » des objets
et des lieux, c'est accéder à la notion de propriété,
un autre droit fondamental. Reconnaître comme
« les siens », le domaine et les objets de son enfant,
c'est lui accorder ce droit et le respecter.

LE DOMAINE DE L'ENFANT

• Son domaine initial, c'est son **berceau** puis son **lit**. Ce sont des espaces peuplés, il y a ses jouets, autres habitants des lieux parfois nombreux et indispensables, et une ambiance familière, propre à ces espaces, avec ses bruits, ses couleurs, ses odeurs, des lieux familiers et personnels, « à soi ». C'est tout naturellement que le jeune enfant se les approprie.

• Puis l'espace s'étend à la **chambre**, ou la partie qui lui est allouée, avec ce qui lui « appartient », jouets, meubles, objets divers.

SES OBJETS

• À cet âge, l'enfant possède ce que ses parents lui accordent. Ils décident et disposent, sans toujours lui demander ce qu'il en pense.

• Mais plus tard, l'enfant exprime clairement son **désir**, marque de l'intérêt pour les catalogues, connaît la fonction des objets, en parle avec ses camarades. Il est séduit par un jouet, un livre : il aimerait tant le détenir. Débute alors l'attente, avec ses rêves et ses jeux imaginaires tendus vers l'objet convoité ; il va finir par l'obtenir, il est « à lui ». Cette fois, la possession est l'effet même de son désir, et non de celui de ses parents, elle est « complète ».

LA QUESTION DE LA POSSESSION

• L'expérience de la possession naît avec le **désir** de l'objet et son **obtention**. Lorsque l'objet, le domaine, le lieu deviennent « les siens », il s'agit d'une sorte d'extension de soi. En ce sens, le « droit de propriété » fait partie des droits fondamentaux. Le bafouer revient à léser la personne.

• Ne pas respecter les objets d'autrui, c'est donc porter atteinte à la personne même. Respecter les objets de ses enfants, c'est respecter leur personne.

Respecter
son intimité

On parle de l'intimité à propos du corps,
de sa nudité, du sexe et de la sexualité. Mais
la notion se forge ailleurs, psychiquement, à propos
de ce qui est le plus privé, secret, nos émotions,
fantasmes, histoires heureuses, douloureuses,
blessures et souvenirs précieux. L'accès
est interdit ou strictement réservé.

COMMENT NAÎT L'INTIMITÉ ?

• Dès sa naissance, la mère recherche un lieu discret pour changer son bébé.
• Elle n'exhibe pas sa nudité crûment, le nourrit à l'abri des regards intrusifs ou indiscrets, l'isole du bruit et d'autrui pour protéger son sommeil et son confort. Elle évite de l'exposer, indiquant ainsi son droit fondamental d'être respecté en tant que personne.
• Plus tard, l'enfant construira des **cachettes**, des cabanes, trouvera des « lieux sûrs », s'enfermera dans la salle de bains, dans les toilettes, détestera

se déshabiller « devant tout le monde », et parfois même devant un parent.

• Il sait désormais **se protéger des regards**, abriter ses trésors, sa colère se déchaîne s'ils sont découverts. Même un enfant expansif ne livre pas tout de lui. Il conserve en lieu sûr ses pensées et ses sentiments les plus privés.

UNE PROTECTION INVISIBLE

• L'intimité sert à nous différencier **d'autrui**. L'intime est notre propriété, rien ne nous contraint à la partager, l'exposer, la livrer.

• Nos parents nous ont appris très tôt, quand nous en dépendions complètement, que nous étions une **personne distincte**, respectable, et que nous avions un droit inaliénable, celui d'avoir un **lieu privé**. Ils nous en ont donné la clé, nous l'avons construit dans notre corps et notre esprit.

• À nous de le faire respecter. Il figure d'ailleurs dans la loi sous le nom de « droit au respect de la personne ». Au propre comme au figuré, l'effraction de notre intimité est soit une atteinte à notre vie privée, soit... un viol.